Versetzbarkeit

der Succursal-Pfarrer.

Eine Abhandlung,

gewidmet

dem Rheinischen Clerus.

Berlin.
Druck und Verlag von G. Reimer.
1849.

Wie vor wenigen Jahren die Erzdiözese Köln der Kampfplatz war, worauf heiße Kämpfe für und wider gewisse dogmatische Ansichten und Richtungen gefochten wurden, so scheint in diesen Tagen die nämliche Erzdiözese der Kampfplatz von Streitern im kirchenrechtlichen Gebiete werden zu sollen. Ehrerbietige Vorstellungen vom Clerus zu Düsseldorf und von 370 Curat-Geistlichen an die Erzbischöfliche Behörde, worin unter andern die Unversetzbarkeit der sogenannten Succursal-Pfarrer, die Einführung von Diözesangerichten und Synoden erbeten wurden, gaben dazu die Veranlassung, indem sie die Gegner dieser durch die Canones der Kirche geheiligten Rechte und Einrichtungen auf die Arena riefen.

Der Verfasser dieser Zeilen erlaubt sich bei diesem beginnenden Kampfe, als Mann, zu einer bestimmten Fahne zu treten, und im Folgenden seine Ansicht und Ueberzeugung namentlich über den ersten dieser Punkte, über Versetzbarkeit der Succursal-Pfarrer, auszusprechen.

Bekanntlich war in frühern Zeiten jeder Pfarrer unversetzbar, er nannte, um hier einen Ausdruck vergangener Zeiten anzuwenden, die Pfarrgemeinde, worin er seine Anstellung erhielt, seine Braut, mit welcher er vermählt, von der er nur durch den Tod getrennt wurde, vorausgesetzt, daß er, ein wahrer Seelsorger, die ihm obliegenden Berufspflichten getreu erfüllte. Eben so wurde auch nur dann die Suspension über ihn verhängt, wenn er, eines kanonischen Vergehens angeklagt, vom geistlichen Gerichte schuldig befunden war.

In den im Jahre 1802 von Napoleon einseitig erlassenen Organischen Artikeln zu dem mit Sr. Heiligkeit, dem Pabste Pius abgeschlossenen Concordate wurden mit Einem Federstriche 30000 Pfarreien ihrer Pfarr-Rechte beraubt, als Hülfspfarreien andern Pfarrkirchen untergeordnet, und deren Pfarrer mit dem Namen Desservants unter die Aufsicht und Leitung der wirklichen Pfarrer gestellt, deren in jedem Friedensgerichts-Bezirk nur Einer bestehen blieb. Da die Desservants, Hülfspfarrer, nicht mehr wirkliche Pfarrer waren, so wurde folgerichtig in diesen Organischen Artikeln den Bischöfen auch das Recht zuerkannt, dieselben willkürlich, auch wenn sie keines kanonischen Vergehens sich schuldig gemacht hatten, zu versetzen.

Gleich nach Emanation der Organischen Artikel erregte dieser Gewaltstreich und diese empörende Rechtsverletzung bei dem Clerus, der schon vorlängst an Schlimmeres gewohnt war, nur geringe Entrüstung, sei es, daß man vertraute auf den Geist der Kirche, der von jeher nach der Weisung des Heilandes jeden starren Absolutismus in der Hierarchie perhorrescirte, oder sei es, daß man diese Organischen Artikel, als im Widerspruche mit dem Concordate und mit dem gemeinen Kirchenrechte stehend, für ungültig und nicht bindend ansah. Auch machten die Bischöfe in diesen ersten Zeiten entweder keinen oder nur einen höchst seltenen Gebrauch von diesem Rechte der Versetzung, das sie vom weltlichen Despotismus zu Lehen erhalten hatten.

Erst seit einem Decennium, als einzelne Bischöfe sich verpflichtet glaubten, eine gewisse theologische Richtung mit allen ihnen zu Gebote stehenden Mitteln verdrängen zu müssen, als zu befürchten war, daß die Anwendung des Rechtes der Versetzung das frühere väterliche Verhältniß zwischen Episcopat und Clerus in ein knechtisches umkehren würde, als voraus-, oder gar schon vor Augen zu sehen war, daß willkürliche Versetzungen Augendienerei hervorrufen, und jedes mannhafte Auftreten für Recht und Wahrheit, selbst innerhalb der Grenzen der Ordnung und Bescheidenheit, erschweren würde — da richteten sich die Augen des Pfarr-Clerus auf die Organischen Artikel und ihre rechtliche Geltung. Ein andrer Grund, der die Aufmerksamkeit des Clerus auf die rechtliche Geltung der Organischen Artikel hinlenkte, lag in dem Mißbrauche, der bei einzelnen Ordinariaten mit den anonymen Klagen gegen Pfarrgeistliche getrieben wurde. — Ohne Rücksicht auf die klare Vorschrift des Apostels 1. Tim. 5. 19. „Wider einen Priester nimm keine „Klage an, es sei denn auf zweier oder dreier Zeugniß" wurden anonyme Klageschriften gegen Pfarrer, mit der Nro. der Registratur der Bischöflichen Kanzlei versehen, dem Dechanten zur Untersuchung und weiteren Berichterstattung zugesandt. Gelang es auch bei der Untersuchung, die nicht immer mit der erforderlichen Discretion Statt fand, dem Angeschuldigten, sich von der wider ihn erhobenen Anklage zu reinigen, das: semper aliquid haeret, und erneuerte anonyme Verdächtigungen konnten endlich das Ordinariat zu dem Urtheile verleiten: der Mann wird wohl so gar schuldig nicht sein, indessen kann er doch in seiner jetzigen Pfarre nicht recht segensreich mehr wirken — also werde er versetzt *).

Und wenn bei einem solchen Verfahren befürchtet werden mußte, daß einzelne Mißvergnügte, an denen es auch dem besten Pfarrer in seiner Gemeinde nicht fehlt, ihn fortwährend anonym anschwärzen werden, weil sie wissen, daß ein fort-

*) Allerdings hat der Bischof zu wachen, daß der Clerus rein sei im Wandel, und nichts ungebührliches lehre schändlichen Gewinns wegen; aber er führe sein Wächteramt in kanonischer Weise. Sind die Diöcesen zu groß, als daß der Bischof dieses Wächteramt ausüben könne, dann mögen sie getheilt und verkleinert werden.

gesetztes Denunciren ihn endlich zur Unmöglichkeit machen muß; ist es dann wohl zu verwundern, wenn Pfarrer im Interesse einer gesegneten Wirksamkeit und im Interesse ihrer Ehre sich nach dem Rechtsgrunde der Amovibilität umsehen, und falls das jus amovendi zu Recht besteht, auf dessen Abschaffung dringen?

Die Befürchtung, daß von den Ordinariaten die Organischen Artikel als ein zu Recht bestehendes Gesetz angesehen, und zum Nachtheil des Pfarr-Clerus angewandt werden würden, mußte wachsen, als gewisse an sich geringfügige Umstände den Eifer verriethen, womit einige Ordinariate die Organischen Artikel zu Ehren zu bringen suchten. Ungeachtet dieser Artikel bestand noch vor Kurzem ein Gebrauch, der allzu sehr an das allgemeine Kirchenrecht, und an die schönen Beziehungen erinnerte, worin nach diesem Rechte der Pfarrer zu seiner Pfarrgemeinde stehen soll. Bei seiner Anstellung fand eine feierliche Einführung Statt, der Pfarrer verlas dabei das Evang. Joh. 10. „Ich bin ein guter Hirt. Ein guter Hirt setzt sein Leben für seine Schafe. Ein Miethling aber, oder, wer nicht Hirt ist, dem die Schafe nicht gehören, sieht den Wolf kommen, und verläßt die Schafe und flieht." Zugleich wurde er in den Besitz aller der Pfarre anklebenden Rechte und Einkünfte gesetzt. Wenn nun noch erst vor wenigen Jahren Ordinariate neu anzustellenden Pfarrern die Weisung gaben, sich nicht feierlich einführen zu lassen; mußte das dann nicht bei nachdenkenden Clerikern den Verdacht erregen, man beabsichtige dadurch jede Erinnerung an frühere Zustände und Rechte zu verwischen? Dazu kam, daß in den jüngsten Zeiten die frühern Kantonal-Pfarrer, welche seit Einrichtung der Decanate weder das Recht der Beaufsichtigung noch das der Leitung der Hülfspfarrer hatten, auf einmal vom Ordinariate in amtlichen Erlassen Oberpfarrer genannt wurden. Sollte dadurch nicht angebeutet werden, daß man an jeder Bestimmung der Organischen Artikel festhalten werde? Da einmal aus den angeführten Gründen Verdacht und Argwohn sich des Pfarr-Clerus bemächtigt hatte, fing dieser an, genauere Controlle über die Verwaltung der Ordinariate zu führen, und als er bemerkte, wie nach einer 10 bis 15jährigen Amtsführung die tüchtigsten Vicare nicht in einer Pfarre angestellt wurden, die ein für allemal ihrer Fähigkeit und ihrem Eifer ein angemessenes Feld der Wirksamkeit bieten konnte, sondern in einer gering dotirten, etwa in der Eifel, mit der Aussicht, nach einigen Jahren zu einer besser dotirten Pfründe zu gelangen; als er, der Pfarr-Clerus, bemerkte, wie in dessen Folge die Stellenjäger gleich einem verleckerten Wespengeschmeiß sich an die allmächtigen und pfründenreichen Ordinariate hingen, während die Edlern im Clerus sich zurückhielten, — da war nichts natürlicher, als daß den Ordinariaten die Absicht untergeschoben wurde, sie wollten die Amovibilität benutzen und die Pfründen ausbeuten, um einen devoten und servilen Geist im Clerus zu erhalten; da war nichts natürlicher, als daß eine Beantwortung der Frage gewünscht wurde: Haben die Organischen Artikel auch kirchenrechtliche Geltung, und haben in Folge dieser Artikel die Bischöfe das Recht, einen Succursal-Pfarrer willkürlich, ohne Urtheil und Rechtsspruch zu versetzen?

Ein richtiges Urtheil über diese Frage zu fällen, wird dem Unbefangenen nicht schwer, wenn er sich die darauf bezüglichen Bestimmungen der einseitig von Napoleon erlassenen Org. Art. vergegenwärtigt, und damit das zwischen ihm und Sr. Heiligkeit dem Pabste Pius VII. am 26. Messidor des Jahrs IX zu Paris abgeschlossene Concordat vergleicht. In diesem Concordate heißt es in den §§. 9. und 10.

„Les évêques feront une „nouvelle circonscription des	Die Bischöfe werden eine neue Umschreibung der Pfar-

„paroisses de leurs diocèses, „qui n'aura d'effet que d'après „le consentement du gouver- „nement. Les évêques nom- „meront aux cures. Leur choix „ne pourra tomber que sur des „personnes agréées par le gou- „vernement."

reien ihrer Diözesen machen, die aber erst nach Genehmigung des Gouvernements in Kraft treten soll. Die Bischöfe werden zu den Pfarrstellen ernennen. Ihre Wahl kann nur auf Personen fallen, die dem Gouvernement angenehm sind.

und im §. 14.

„Le gouvernement assurera „un traitement convenable aux „évêques et aux curés dont les „diocèses et les paroisses se- „ront compris dans la circon- „scription nouvelle."

Das Gouvernement wird den Bischöfen und Pfarrern, deren Diözesen und Pfarreien in der neuen Umschreibung begriffen sein werden, ein angemessenes Gehalt zusichern.

Der Pabst kündigte in der Confirmations-Bulle dieser Convention die projectirte Umschreibung der Pfarreien mit folgenden einfachen Worten an:

„Constitutis Dioecesibus, cum omnino necesse sit, limites „etiam paroeciarum constitui, earum circumscriptionem ab „episcopis fieri volumus; quae tamen circumscriptio suum „non sortietur effectum, nisi postquam gubernii consensus „accesserit. Jus nominandi parochos ad episcopos perti- „nebit, qui tamen personas non seligent nisi iis dotibus „instructas, quas ecclesiae canones requirunt, atque (ut „tranquillitas eo magis in tuto sit) acceptas."

In den zu diesem Concordate einseitig erlassenen Org. Art. wird sub Tit. IV. §. 60. festgesetzt:

„Il y aura au moins une „paroisse dans chaque justice „de paix. Il sera en outre établi

Es soll in jedem Friedensgerichtsbezirk wenigstens Eine Pfarre sein. Außerdem sollen

„autant de succursales, que le „besoin pourra l'exiger.

so viele Succursalen errichtet werden, als das Bedürfniß fodern kann.

§. 61. Chaque évêque de „concert avec le préfet réglera „le nombre et l'étendue de ces „succursales. Les plans arrêtés „seront soumis au gouverne- „ment et ne pourront être mis „à exécution sans son auto- „risation.

§. 61. Jeder Bischof wird gemeinschaftlich mit dem Präfecten die Zahl und Ausdehnung dieser Succursalen regeln. Die festgestellten Entwürfe sollen dem Gouvernement unterbreitet, und können ohne seine Autorisation nicht vollzogen werden.

§. 63. „Les prêtres des- „servants les succursales sont „nommés par les évêques."

§. 63. Die Priester, welche die Succursalen bedienen, werden durch die Bischöfe ernannt.

Tit. II. §. 31. „Les Vicaires „et Desservants exerceront leur „ministère sans la surveillance „et la direction des curés. Ils „seront approuvés par l'évêque „et revocables par lui."

§. 31. Die Vicare und Desserventen werden ihr Amt unter Aufsicht und Leitung der Pfarrer ausüben. Sie sollen durch den Bischof approbirt werden, und durch ihn abberufen werden können.

Wer sieht in diesen Org. Art. nicht eine offenbare Verletzung der §§. 9. und 10. des Concordates? Im Concordate heißt es: die Bischöfe werden eine neue Umschreibung der Pfarreien ihrer Diözesen vornehmen. Was kann das anders heißen, als: zur Erleichterung der Seelsorge und im Interesse der Gläubigen sollen die Bischöfe eine neue bessere Arrondirung der Pfarreien vollziehen, oder auch, wo dieses unbeschadet der Seelsorge geschehen kann, zwei Pfarreien zu Einer vereinigen, endlich, wo das Wohl der Gläubigen es erfordert, eine neue Pfarre bilden? Wollte man behaupten, es sei dadurch nichts anders gemeint, als was im §. 60. der Org. Art. enthalten ist, daß in jedem Friedensgerichtsbezirk wenigstens eine Pfarre sein solle, und daß mithin nach einem mäßigen Anschlage 9/10 der Pfarreien eingehen sollten, so würde man offenbar der Ehre des Römischen Stuhles zu nahe treten. Wie hätte Rom, das überall mit Eifersucht die Rechte der Kirche zu wahren gewohnt ist, ein Concordat abschließen können und wollen, worin implicite die Aufhebung von 30000 Pfarreien sanctionirt war? worin die Seelen von 30000 Pfarreien ihren wirklichen Pfarrern entfremdet und gleichsam entzogen, wodurch 30000 Pfarreien ihrer Pfarr-Rechte und 30000 Pfarrer, resp. Priester, ihres Einkommens beraubt wurden? Wie hätte Rom das mit dem Geiste der Canones vereinbaren können? Der Pfarrer soll die Gläubigen seiner Pfarre selbst übersehen und überwachen können, soll ihnen selbst die heil. Sacramente spenden, ihnen selbst das Wort Gottes verkündigen; er ist Hirt, er soll seine Schafe, die Schafe sollen ihn kennen: das alles ist nicht möglich, wenn in jedem Friedensgerichtsbezirk nur Ein Pfarrer ist, der von den meisten Succursalen Meilen weit entfernt wohnt. Wahrlich nur ein Neuling in der Politik kann es übersehen, daß obiger §. 60. ein Werk des Despotismus und der Schlauheit des das Concordat einseitig erklärenden und zur Ausführung bringenden französischen Gouvernements ist. Napoleon erreichte durch diesen mit dem Concordate in Widerspruch stehenden Paragraph einen doppelten Zweck — dadurch daß 30,000 oder etwa Neunzehntel sämmtlicher Pfarrer des Reichs ihren Charakter verloren, Gehülfen der wenigen übrig gebliebenen Pfarrer wurden, und als solche vom Bischofe von einer Station zur andern verschickt werden konnten, kamen sie in die abhängigste Lage dem Bischofe gegenüber, und wurden dessen gefügigste Werkzeuge, wie der Bischof mehr oder weniger ein Werkzeug des allmächtigen Kaisers war, so daß dieser durch den Bischof den ganzen Curat-Clerus beherrschte. Ferner ersparte das Gouvernement durch diese Maaßregel dem Staate eine jährliche Ausgabe von 30 Millionen Francs. Nach dem Concordate sollte jedem Pfarrer ein angemessenes Gehalt vom Staate, der alle Pfarrgüter sequestrirt hatte, ausgeworfen werden; dadurch daß in Folge der Organischen Artikel 30000 Pfarreien eingingen, fiel auch das Gehalt für eben so viele Pfarrer weg. Wenn in spätern Zeiten Napoleon den Succursal-Pfarrern ein jährliches Gehalt von 500 Francs zusicherte, so hatte das nicht in seinem ursprünglichen Plane gelegen; es geschah dieses auf das ungestüme Bitten der Bischöfe, die ohne diesen Succurs unmöglich länger noch in den Hülfspfarreien die Ausübung der nothdürftigen Seelsorge durch die verarmten Priester besorgen konnten.

Der §. 60. Tit. IV. ist aber auch noch aus einem andern Grunde eine Verletzung des Concordats. Im Concordate §. 9. heißt es: die Bischöfe werden eine neue Umschreibung der Pfarreien ihrer Diözese machen. Diese Anforderung des Concordates ist nicht erfüllt worden. Wir wissen es anders woher, daß die Aufhebung der 30000 Pfarreien nicht durch die Bischöfe, die concordatmäßig die Umschreibung der Pfarreien zu vollziehen hatten, sondern einseitig durch das Gouvernement geschehen ist. Es geht dieses aber auch sonnenklar aus dem §. 60. der Org. Art. hervor. Er bestimmt von vornherein schon die Zahl der Pfarreien, indem er festsetzt, daß in jedem Friedensgerichtsbezirke wenigstens Eine bestehen soll, er setzt dieses fest, ohne daß die Bischöfe darüber gehört sind, und dazu ihre Zustimmung gegeben haben. Kann es eine offenbarere Verletzung des Concordates geben, als sie hier geschieht? Diese vom Staate in den Org. Art. eigenmächtig erlassenen Bestimmungen über die Zahl und Ausdehnung der Pfarreien beweisen aber auch, daß der Staat sich wohl bewußt war, daß die Kirche, der Pabst und die Bischöfe, unter „neuer Umschreibung der Pfarreien“ etwas ganz anderes verstanden, als eine Aufhebung von

30000 Pfarreien. Hätte der Pabst, hätten die Bischöfe unter §. 9. des Concordates die Aufhebung von $^9/_{10}$ der Pfarreien verstanden, was würde dann gehindert haben, strenge nach dem angeführten Paragraph eine derartige Umschreibung durch die Bischöfe machen zu lassen, die dann durch Zustimmung des Gouvernements in Kraft getreten wäre; aber gerade der Umstand, daß das Gouvernement selbst, ohne Zuziehung und Zustimmung der Bischöfe, die Zahl und Ausdehnung der Pfarreien feststellte, beweiset den Staatsstreich, beweiset die Verletzung des Concordates.

Weil die Org. Art. in diesem wie in andern Punkten nicht allein dem Geiste des Concordates entgegen, sondern auch eine offenbare Verletzung des Buchstabens desselben sind, so haben auch diese Org. Art. und mit ihnen das darin ausgesprochene Succursal-System sammt der Versetzbarkeit der Succursal-Pfarrer, vom kirchlichen Standpunkte aus betrachtet, nie Rechtskraft gehabt, sind auch nie vom heil. Stuhle als rechtskräftig anerkannt worden. Der Graf Montalembert, Pair von Frankreich, spricht sich bei Gelegenheit der Unterrichtsfrage im Jahre 1844 in der Pairskammer folgendermaßen über das Concordat und die Org. Artikel aus:

„Das Concordat ehrt alle Welt, es ist das Werk der beiden „höchsten Autoritäten und zwar einer jeden in dem Be„reiche ihrer Functionen. Es ist ein synallagmatischer Con„tract, der beide Partheien gleich bindet, so daß z. B., wenn „das Staats-Oberhaupt aufhören würde katholisch zu sein, „oder wenn die Regentschaft in Protestantische Hände käme, „das Concordat erneuert werden müßte. Wollte man ferner, „wie die ministerielle Presse schon gedroht hat, den durch „das Concordat für den Clerus bestimmten Staatsgehalt „unterdrücken, oder bedeutend beschneiden, so würde das „Concordat in diesem Augenblicke ebenfalls zu bestehen auf-

„hören, die Bestimmungen des gemeinen in der Kirche gel„tenden Rechts würden wieder in Kraft treten, und die Bi„schöfe ernannt werden wie in Belgien. Notirt euch das „einstweilen in eure Brieftaschen." (Man lacht.)

„Was aber die Organischen Artikel angeht, so ist das „etwas ganz anderes, die Kirche hat sie nie anerkannt." (Gemurre.) „Die Organ. Artikel sind für uns nichts anders „als eine Verletzung des Concordats, sie sind von der Kirche „in allen auf ihre Rechte und Disziplin bezüglichen Punk„ten nie anerkannt worden, sie sind acht Monate jünger als „das Concordat; denn das Concordat ist vom 12. Juli 1801 „und die Org. Artikel sind vom 8. April 1802. Sie wur„den zwar um dieselbe Zeit dem gesetzgebenden Körper vor„gelegt, aber von jener Autorität, die mit dem Staate im „Namen der Kirche unterhandelte, nicht angenommen. Im „Gegentheile — gerade diese Autorität hat durch den mit „den damaligen Unterhandlungen beauftragten Cardinal„Legaten Caprara gegen die Org. Artikel förmlich prote„stirt. Dem Herrn Siegelbewahrer muß das alles sehr wohl „bekannt sein."

So weit Montalembert. Daß die Org. Art. ohne Vorwissen und Gutheißung des heil. Vaters abgefaßt und bekannt gemacht worden sind, geht hervor aus Art. III. der zwischen Sr. Heiligkeit Pabst Pius VII. und dem Könige von Frankreich Ludwig XVIII. im Jahre 1817 getroffenen Uebereinkunft. Er lautet also: „Die sogenannten Organischen Artikel, welche ohne Vorwissen Sr. Heiligkeit abgefaßt, und den 2. April 1802 ohne deren Gutheißung zugleich mit dem besagten Concordate vom 15. Juli 1801 bekannt gemacht worden, sind in dem, was sie der Lehre und den Gesetzen der Kirche zuwider enthalten, aufgehoben." Mag man über das Ansehen dieses Concordates urtheilen, wie man will, es steht durch dasselbe das Factum fest, daß die Org. Artikel ohne Vorwissen Sr. Heiligkeit abgefaßt, und ohne Deren Gutheißung bekannt gemacht worden sind, und somit haben sie in jenen Puncten auch keine bindende Kraft, wo sie mit dem Concordate in Widerspruch stehen, und dasselbe verletzen.

Daß die Org. Artikel und insbesondre deren oben angeführten Paragraphen keine kirchenrechtliche Geltung haben, erkannte auch der Hochselige Erzbischof von Köln, Ferd. August. In der von ihm am 24. Febr. 1827 erlassenen und in den Amtsblättern der Königlichen Regierungen mitgetheilten Urkunde über Errichtung der Dekanate in der Erzdiözese Köln, fällt die Eintheilung der Erz-Diözese in Kantonal-Pfarreien mit ihren Succursalen weg, die Kantonal-Pfarrer haben nicht mehr das Recht der Beaufsichtigung und Leitung (la surveillance et la direction) der sogenannten Succursal-Pfarrer — die Aufsicht über die Pfarrer des Dekanates wird geübt von den Dechanten, und da diese auch Succursal-Pfarrer sein können und wirklich sind, ferner da die Succursal-Pfarrer, wenn auch unter der Aufsicht, doch nicht mehr unter der Leitung der Dechanten stehen, so sind sie auch wirkliche Pfarrer, und können und dürfen somit auch alle Rechte der wirklichen Pfarrer in Anspruch nehmen.

Wie der Hochselige Erzbischof Ferd. August, so erkannte auch der Hochselige Bischof von Münster die Nullität dieser Org. Art. In der unter dem 29. Aug. 1837 erlassenen Urkunde über die Einführung der Dekanal-Verfassung im Rheinischen Theile der Diözese Münster sagt der Hochw. Bischof Caspar Max im §. IV.:

„Mit der Einführung der Dekanal-Verfassung hört das seit„her bestandene Verhältniß der Kanton- und Succursal„Pfarrer oder Desservants mit diesen Benennungen auf, und „es treten die Succursal-Pfarrer oder Desservants in die „Rechte wirklicher Pfarrer. Bei den kleinern Pfarreien, wo „die Pfarrer allein stehen, und keinen Hülfsgeistlichen zur

„Seite haben, auch ein öfterer Wechsel der Pfarrer unver-
„meidlich ist, wird jedoch die Befugniß zur Versetzung der
„Pfarrer beibehalten.“

Wären die Organischen Artikel, was sie sein sollten, eine nothwendige Folge aus den Prämissen des von den höchsten Gewalten abgeschlossenen Concordates, ständen sie nicht mit dem Concordate in Widerspruch, hätten sie rechtsgültige Kraft, dann stand es nicht in der Befugniß eines einzelnen Bischofes, die Organischen Artikel so offenbar und wesentlich zu alteriren, wie dieses in den angezogenen Urkunden beider Bischöfe geschehen ist.

Es ist also klar, daß die Org. Artikel, und namentlich die auf die Succursal-Pfarrer sprechenden Paragraphen, keine kirchenrechtliche Geltung haben.

Weil in Frankreich die Organischen Art. die nämlichen Uebelstände herbeiführten wie am linken Rheinufer, so sah man sich auch dort schon vorlängst in dieser Beziehung nach dem Rechtsboden um. Die gründlichsten Forschungen verdanken wir den Gebrüdern Allignol und finden deren Resultat niedergelegt in der von ihnen unter dem Titel: „Der gegenwärtige Zustand des Clerus in Frankreich und insbesondere der Landpfarrer, genannt Desserventen,“ herausgegebenen Schrift, wovon im Jahre 1846 bei Fr. Fleischer in Leipzig eine Uebersetzung erschien. Dieses Werk machte auch am Rheine, besonders als die historisch politischen Blätter auf dessen Gediegenheit und Wichtigkeit aufmerksam machten, das größte Aufsehen. Mag auch eine gewisse Seite noch so wegwerfend darauf hinabblicken, ja mögen auch wegen der Wärme und Schärfe, womit die Herren Verfasser ihre Ansichten vorgetragen und bewiesen haben, hie und da einige Ungenauigkeiten sich darein eingeschlichen haben, die übrigens von den Herren Verfassern selbst bereits widerrufen sind; ihre Behauptungen über die Rechtsgültigkeit der Org.

Artikel, die mit den unsrigen vollkommen übereinstimmen, sind bisheran unwiderlegt geblieben. Die bekannten „Altväter" wollen über diese Aeußerung nicht in frommen Eifer gerathen; denn sie müssen wissen, daß die in ihrem Schriftchen niedergelegten frommen Anmuthungen und Stoßseufzer keine Widerlegung der Allignolschen Schrift sind. Im Gegentheil diese ist bestätigt worden durch das Benehmen mehrer würdigen Bischöfe Frankreichs, welche, den Widerspruch der Org. Art. mit dem Concordate und die Gerechtigkeit der Beschwerden ihrer Succursal-Pfarrer einsehend, nicht anstanden, den Boden dieser Artikel zu verlassen, und ihren Diözesen solche Einrichtungen zu geben, die, während sie den Geist des gemeinen Kirchenrechts athmeten, zugleich den Anforderungen der Gegenwart Rechnung trugen. An der Spitze dieser Bischöfe steht der jetzige Erzbischof von Paris, der Hochw. Herr Sibour, der als früherer Bischof von Digne nicht allein dem Kapitel seiner Kathedrale neue Statuten gab, sondern auch die Unversetzbarkeit der Succursalpfarrer aussprach, und ein geistliches Gericht (Officialat) einführte. In dem vortrefflichen Werke: „Institutions Diocésains ou Recueil des Règlements publiés par Mgr. l'Evêque de Digne pour la Constitution de son Chapitre et l'Organisation de son Officialité, accompagnés des motifs de ces Règlements et d'un traité sur la jurisdiction ecclésiastique précédant l'Officialité. A Paris chez Jacques Lecoffre et Cie, Libraires. Rue du Pot de fer St. Sulpice. 8. 1845." hat er den Geist bezeichnet, der ihn bei dem Entwurfe und bei der Einführung dieser Diözesan-Institutionen geleitet hat. Er will, wie er S. 196 sagt, bei der Ausübung seiner Verwaltung die bischöfliche Macht mit den Garantieen umgeben, die sie vom Verdachte der Willkühr befreien müssen. „Wir wollen," sagt er S. 347, „die Autorität der Kirche schützen, und zu gleicher Zeit diese Autorität vor den Augen Aller als eine milde und väterliche darstellen. Es ist, sagt er S. 204, ein Werk der Versöhnung, das wir unternehmen, wir gründen es auf den Geist der Kirchen=Disciplin, und es ist uns auch, wir verhehlen es nicht, eingegeben durch das Verlangen, die Klagen zu beseitigen und die Spaltungen zu beschwören, die in einer nahen Zukunft die Kirche Frankreichs zerreißen könnten."

In einer Recension dieses Werkes (Zeitschrift für Philosophie und katholische Theologie. Neue Folge. 8. Jahrgang 1. und 2. Heft. Marcus. Bonn 1847.) heißt es: „Der Apostolische Bischof hat ein Beispiel von Selbstverläugnung und Mäßigung gegeben, das selten und bewundernswürdig ist. Liebe zum Wohl seiner Diözese, Liebe zur Gerechtigkeit, Liebe zu dem Pfarr=Clerus hat ihm eine Macht, womit die weltliche Regierung ihn bekleidet hatte, aus der Hand gewunden, und sie zertrümmert; aber aus diesen Trümmern erwächst ihm eine Allgewalt, womit die Macht, der er sich begeben, nicht in Vergleich gezogen werden kann. Die Organischen Artikel ließen im Bischofe seinem Clerus gegenüber nicht mehr den Vater, vielweniger den Mitbruder im Weinberge des Herrn erkennen, und das Herz des Priesters, der Vater und Mutter und alles verließ, und so gerne in dem Bischofe einen andern Vater und eine andere Mutter gefunden hätte, mußte gegen ihn erkalten, die Stelle der Liebe mußte von Furcht eingenommen werden. Der Bischof von Digne, der, obgleich der größte, der geringste sein wollte, der sich seiner Macht entäußerte, um sein Vaterherz mit der ganzen Fülle von Liebe und Milde zeigen zu können, hat sich eine neue Macht erobert in den Herzen seiner Priester und Diözesanen. Diese Macht der Liebe, stärker, als jede andre, wird die Priester seiner Diözese als eine starke, wohlgeordnete Phalanx um ihn schaaren, daß sie ihm in guter Zeit eine mächtige Hülfe und feste Stütze, in böser Zeit aber ein starker Schirm wider alle Gefahren und feindliche Angriffe sein werde."

Ich halte es um so nothwendiger, die Aufmerksamkeit auf die Diözesan-Institutionen dieses würdigen Bischofs von Digne zu leiten, weil ihn, als Bischof, der Vorwurf, welcher den Gebrüdern Allignol gemacht worden ist, sie seien bei Abfassung ihres Werkes vom Geiste der Insubordination gegen die von Gott eingesetzte bischöfliche Gewalt geleitet worden, unmöglich treffen kann. Nur der Gedanke, daß bei dem Fortbestehen der vom Despotismus Napoleons durchsäuerten Org. Artikel auch der humanste Bischof schwerlich dem Verdachte der Willkühr entgehen könne, nur die Absicht, die gerechten Klagen zu beseitigen, die wie am Rheine, so auch in Frankreich von Tag zu Tag lauter wurden, konnten ihn vermögen, sich der Macht zu entäußern, womit diese oftgenannten Artikel ihn bekleidet hatten.

Aber wenn es nun über allen Zweifel gewiß ist, daß die Organischen Artikel und mit ihnen das Recht, die Pfarrer willkührlich zu versetzen, nie kirchenrechtliche Geltung gehabt haben, wenn nur hie und da deren factische Anwendung Statt fand, und noch fort besteht, ist es dann wohl nothwendig, daß deren Aufhebung durch den Römischen Stuhl erfolge, wie der Verfasser des auf Versetzbarkeit bezüglichen Artikels in der Kölnischen Zeitung vom 24. Februar d. Jahrs andeutet? Keineswegs; denn wo etwas nicht zu Recht besteht, ist auch kein Recht aufzuheben. Um alle Uebelstände, alles Mißbehagen und Mißtrauen, das diese Org. Artikel fortwährend in manchen Diözesen veranlassen, auf einmal schwinden zu machen, ist anders nichts erforderlich, als daß die Bischöfe dem erhabenen Beispiele jenes apostolischen Mannes folgen, der würdig befunden wurde, in dieser verhängnißvollen Zeit den erzbischöflichen Stuhl von Paris einzunehmen, und Nachfolger des Märtyrers Affre zu sein. Sobald die Bischöfe sich des Scheinrechtes entäußern, welches ihnen die Org. Art. geben, tritt das gemeine Canonische Recht, das nie durch die Organischen Artikel, insoweit sie dem Wortlaute und dem Geiste des Concordates widersprechen, außer Kraft gesetzt worden ist, in seine frühere Geltung.

Freilich werden manche Bischöfe nicht geneigt sein, sich ohne Weiteres dieser vermeintlichen Rechte zu begeben, in deren faktischem Besitze sie einmal sind; weil bei dem Mangel an geistlichen Gerichten und bei der Ausgedehntheit der Diözesen durch die Versetzbarkeit der Pfarrer die Verwaltung und Regierung der Diözesen bedeutend erleichtert wird. — Der sogenannte Succursal-Pfarrer, angestellt an einer leidlichen ihm lieb gewordenen Succursal-Kirche, wird, so lange er das Damokles-Schwerdt der Amovibilität über seinem Haupte schwebend sieht, in allem gefügiger, jeden Winkes gewärtiger, und gegen erlittene Unbilden, sie kommen von einer Seite, woher sie wollen, unempfindlicher sein, als wenn seine Versetzung nur in Folge eines kanonischen Vergehens erfolgen kann. In letzterm Falle wird er nicht selten auf sein gutes Recht bestehen, was zu weitläufigen Untersuchungen führen, und nothwendig die Arbeiten der ohnehin so sehr in Anspruch genommenen Ordinariate vermehren muß.

Die Initiative zur Beseitigung dieser der Kirche aufgedrungenen und nur bloß eine faktische Geltung habenden Artikel muß natürlich von denen ausgehen, die unter ihrem Drucke seufzen, und durch sie in ihren Rechten gekränkt werden, nämlich von den Succursal-Pfarrern. Ohne Kampf wird dieses Ziel nicht erreicht werden. Manche haben zwar vor diesem Kampfe gebebt und werden noch beben, weil ein zartes religiöses Gefühl ihnen den Kampf des Priesters gegen seinen Bischof, des Sohnes gegen seinen Vater, als einen unerlaubten erscheinen läßt; indessen gibt es einen Kampf, der mit Waffen geführt wird, über welche die Religion selbst ihre Weihe ausgegossen hat, diese Waffen heißen: Bitten, Klagen, Ueberzeugen; und wenn diese und nur diese Waffen zur Erreichung des vorgesteckten Zieles angewandt werden, dann kann nur ein unerklärliches Mißverständniß oder eine versteckte Böswilligkeit diesen Kampf als einen Kampf gegen die bischöfliche Jurisdiction und die vom Heilande geschaffene hierarchische Ordnung verlästern: er ist in der That nichts anders als ein Kampf für die Erhaltung des christlichen Geistes in unserer Kirche, ein Kampf für eine aus diesem Geiste fließende gesetzliche Ordnung gegen Anmaßungen der Willkühr. Dieser Kampf, der in der Erzdiözese Köln, mit der ehrerbietigen Vorstellung der 370 Curat-Geistlichen begonnen hat, wird auch sicher zum Ziele führen, wenn er mit Beharrlichkeit und strenge innerhalb der Grenzen, welche das gemeine Kirchenrecht steckt, das allein für die Gewissen bindend ist, geführt wird. Denn die Wahrheit und das gute Recht, welches der Pfarr-Clerus in Beziehung auf Rechtsgültigkeit der Organischen Artikel und Versetzbarkeit für sich hat, bilden eine Macht, der für die Dauer nicht mehr zu widerstehen ist.

Wenn durch den Wegfall der Organischen Artikel die Verwaltung der Diözese erschwert wird, dann giebt es, wie schon oben angedeutet wurde, ein anderes Mittel, die Arbeit zu erleichtern, ein Mittel, wodurch nicht, wie dieses in der Erzdiözese Köln der Fall ist, die Rechte von 700 Pfarrern verkümmert werden, sondern ein Mittel, das, während es durch Herbeiführung eines auf Gerechtigkeit und Billigkeit fußenden Rechtszustandes Liebe und Vertrauen befördert, zugleich für das Seelenheil der Gläubigen ersprießlich und segenbringend ist, dieses Mittel heißt: Verkleinerung der Diözesen. Die politischen Ereignisse der Jetztzeit, welche der Kirche die lange ersehnte Freiheit bringen werden, welche aber auch dem hohen Clerus eine größere Einfachheit in der Lebensweise erlauben oder gar aufbringen werden, können eine solche Vermehrung der Diözesen und Bischöfe nur begünstigen, und Mangel an Fonds wird hiebei ein geringeres Hinderniß sein, als Mangel an gutem Willen.

Zum Schlusse ersuche ich daher meine verehrten Amtsbrüder, sich durch die geringen Erfolge der bisherigen Eingaben an die Erzbischöfliche Behörde, oder durch die Mißfälligkeit, womit sie dem Vernehmen nach aufgenommen sind, sich nicht irre machen und abschrecken zu lassen, sondern fortzufahren, in ehrerbietiger und gesetzlicher Weise für die Wiedererringung der vorenthaltenen Rechte des Pfarr-Clerus zu kämpfen. Noch lange nicht sind alle Mittel erschöpft. Die erste Gelegenheit zur Erneuerung des Antrags um einen festen geregelten Rechtszustand werden die in Aussicht gestellten Diözesan-Synoden geben. Wenn in dem jüngst erschienenen Schriftchen: „Synodal-Richter, Synodal-Examinatoren und Diözesan-Synoden, mit besonderer Bezugnahme auf Dr. Binterims Schrift. Köln. Bachem 1849.", das sich durch seine aristokratische Haltung glänzend auszeichnet, angedeutet wird, die Diözesan-Synoden dürften wohl nicht in contradiktorischen Unterhaltungen, sondern vielmehr in einer bloßen stummen Entgegennahme der Bischöflichen Erlasse und Dekrete Seitens des versammelten untergeordneten Clerus bestehen; so wird das wohl so ernst nicht gemeint sein, weil eine solche Behandlung, wie sie wohl für Kinder nothwendig und üblich ist, gewiß den Pfarr-Clerus, der großentheils aus Männern besteht, die reich an Wissenschaft und Erfahrung sind, empfindlich berühren und tief verletzen würde. Uebrigens — deß bin ich überzeugt — wird bei den zu eröffnenden Diözesan-Synoden die contradiktorische Verhandlung nicht zu vermeiden sein, sollte dieses auch von einer Seite noch so sehr beabsichtigt werden, oder der Zufall müßte es wollen, daß Keiner der 370 zugegen wäre.

Endlich veranlaßt mich das angeführte Schriftchen: „Synodal-Richter u. s. w." mit Entschiedenheit alle etwaigen Verdächtigungen der Motive zur Verbreitung meiner Ueberzeugung in Bezug auf Versetzbarkeit der Pfarrer im Voraus zurückzuweisen. Nicht Abschaffung des Coelibats, viel weniger Aufhebung von Anstalten und Heilsmitteln, die vom Heilande selbst angeordnet sind, beabsichtige ich: ich beabsichtige, was klar genug aus allem bisher Gesagten erhellt, Unversetzbarkeit der Pfarrer, wie sie vor Intrudirung der rechtsunkräftigen Organischen Artikel bestand. Ich will, daß, was Recht ist, auch Recht bleibe.

FSC
www.fsc.org
MIX
Papier | Fördert gute Waldnutzung
FSC® C083411

Kolibri 360 GmbH
Ferdinand-Jühlke-Straße 7
99095 Erfurt, Deutschland
produktsicherheit@kolibri360.de